Shorts

Små historier om næsten alt

Shorts – små historier om næsten alt

Stig Voldbjerg Sørensen

Shorts

Små historier om næsten alt

Rettigheder. Stig Voldbjerg Sørensen

Forlag: Books on Demand GmbH, København, Danmark

Tryk: Books on Demand GmbH, Norderstedt, Tyskland

ISBN: 9788771883879

Shorts – Små historier om næsten alt

Forord

Shorts er ikke bare et stykke tekstil, men er også betegnelsen for en helt ny litterær genre i verdenslitteraturen.

Det er korte historier, der peger på pudsigheder, problemer, nye ideer eller historier, uden at komme med forklaringer eller dyb baggrundsviden. Andre shorts kan være, hvad der i en ret kendt bog betegnes som lignelser, uden sammenligning med denne i øvrigt.

Shorts kan i bedste fald undre, provokere, inspirere, irritere, og i nogen tilfælde er det blot unyttig viden.

`Små Historier´ er Shorts i en mere eller mindre tilfældig blanding af de nævnte kategorier.

To små historier om traditioners magt.

Jeg vil gerne fortælle to små historier.

Den første historie er om en mand, der levede for omkring 1500 år siden i Mellemøsten. Manden var profet og havde en tæt forbindelse til Vorherre (han kaldte ham noget andet).
Vorherre beordrede ham til at starte en ny religion, der samtidig skulle give nogle praktiske anvisninger på, hvorledes man burde leve sit liv.

Mange af reglerne var kloge og meget nyttige.
På den tid holdt man svin, der havde en nogenlunde fri adgang til menneskelig afføring, hvilket opfylder betingelserne for, at en lille rundorm, der danner trikiner i værtsdyrets kød, kan gennemføre sin livscyklus. Smitning med trikiner er en rigtig grim ting.
En af anvisningerne, vor mand fik besked om, var derfor, at man skulle undlade at spise svinekød, hvilket var en rimelig klog regel.
Vorherre gav ikke manden den videnskabelige forklaring, men han fik at vide, at svinet var et urent dyr.

Rundormens livscyklus har været brudt i mange århundreder og trikiner er ikke fundet i svin i hverken dette eller sidste århundrede.
Desværre har vorherre (de kalder ham noget andet) ikke i dag den samme direkte forbindelse til sine tilbedere og derfor ikke haft mulighed for at korrigere sine anvisninger, hvilket ellers svineavlerne sikkert ville sætte pris på.

-

Den anden historie er om noget helt andet. Den er om et abeforsøg.

I et stort bur lavede man en stige op til loftet, og for enden af stigen placerede man en klase med lækre bananer. I buret holdt man 6 aber. Hver gang aberne kravlede 1 meter op af stigen, blev alle aberne overskyllet med koldt vand. Efter en vis tid lærte aberne, at det var en rigtig dårlig ide at prøve og få fat i bananerne. Til sidst lærte selv de mest tungnemme af aberne det ved, at de andre aber tog fysiske forholds-regler i brug for at holde dem nede.

Nu udskiftede man så én af aberne. Den nye kendte ikke noget til det kolde vand og ville derfor op til ba-nanerne, men blev meget hårdhændet forhindret af de andre aber i at gøre det.

Efter en tid fortsatte man med at skifte aber ud in-dtil ingen aber havde oplevet den kolde afvaskning. Udskiftningen fortsatte derefter med mange udskift-ninger uden, at nogen aber klatrede op til bananerne.

Manden i det store hus

Der var engang en mand, som havde et stort hus. Han havde også nogen venner, som boede langt borte, men som havde det rigtigt dårligt. De var meget uvenner med deres naboer, og de havde også nogle underlige vaner. De besluttede nu, at det var bedre at rejse hen til deres ven i det store hus.

Manden i det store hus syntes, det var helt fint, han kunne godt have nogen flere boende, og de kunne så hjælpe ham med at passe huset.

Det gik også rigtig godt i begyndelsen. Manden i det store hus gav dem nogle af hans værelser og enkelte af vennerne begyndte at hjælpe manden med at passe huset. Nu hører så nogen der langt borte om, hvor godt det er at besøge manden i det store hus, og de beslutter så, at de også gerne vil besøge ham, og pludselig var de rigtig mange. Manden var glad for mange af dem, som hjalp ham, men han blev rigtig træt af de, som ikke ville hjælpe ham med at passe huset, og som også havde taget nogen af deres dårlige vaner med sig til det store hus, og nu ville han gerne have lov til at bestemme, hvem han ville have besøg af, og han ville heller ikke have, at de havde deres dårlige vaner.

Det var der så en hel masse, der ikke kunne forstå.

Én anden lille historie

For mange år siden var kamelkaravaner en vigtig del af beduinernes liv. Karavanerne bragte varer og handel rundt til de spredte samfund i Mellemøsten. Det var hårdt arbejde at være med i en karavane. Der var ikke meget vand, og vask var ikke nogen dagligdags sag. Der kunne gå måneder, hvor man ikke blev vasket, og det betød, at den personlige hygiejne måske ikke var helt på toppen.

Én af ulemperne for mændene var, at den manglende hygiejne ofte resulterede i forhudsbetændelser og måske blærebetændelse. Beduiner er hårdføre folk, så de fandt en løsning. De fjernede forhuden, hvorved deres tissemand ganske vist i begyndelsen blev lidt øm på spidsen, men til gengæld var den lettere at holde ren.

Det blev efterhånden en fast del af det, at være beboer i dette område, og det blev også en del af religionen, fordi dengang var alt relateret til religion.

Skikken blev også udvidet til i nogle områder at gælde piger. Hvor man for omskæringen af drengene lærte at henvise til Abraham, fortaber begrundelsen for den religiøse omskæring af piger sig lidt i det uvisse.

Der er ikke så frygtelig mange karavaner tilbage, og mulighederne for personlig hygiejne i området er faktisk ret gode i dag.

-

Vi har en stadig diskussion om forbud mod at kupere halerne på smågrise. Dyreaktivister kæmper for et forbud mod kupering og stemningen kan være ophidset. Enigheden om at kupering er dyremishandling er stor, og at de stakkels smågrise gennemgår store og unødvendige pinsler. Der pønses på nye love og direktiver.

Tro - overtro

Tro eller overtro. Her skal vi lige glemme betydningen af ordet _over_. Det burde nemlig hedde undertro.

Det er nemlig ikke sådan, at overtro er mere end tro, men der er alligevel en forskel. De, der tror, tror at kun deres tro er rigtig, og de andres er overtro, og her mener man absolut ikke overtro som finere end bare tro.

Hvis man tror, kan man også definere andre som vantro.

Sandheden findes i gamle skrifter, og da den kommer direkte ovenfra, er den ufejlbarlig og ikke til diskussion. Desværre har samme kilde sendt forskellige udgaver og entreret med forskellige budbringere, der ikke mener helt det samme, hvilket har givet anledning til en del problemer undervejs.

Tro eller overtro giver ofte anledning til pudsige episoder.

Jeg fulgte med fornøjelse i en af vore store aviser en diskussion mellem en tilhænger af reinkarnation og én af folkekirkens biskopper. Biskoppen afsluttede sin fordømmelse af troen på reinkarnation med, at det var farlig overtro at tro på reinkarnationen. Hertil svarede tilhængeren af reinkarnation, at han havde svært ved at tage beskyldningen om overtro alvorligt fra én, der baserer sin tro på en mand, der kunne gå på vandet.

Hvis vor biskop i øvrigt havde kendt sin kirkehistorie, ville han vide, at reinkarnation var en accepteret del af den kristne tro i de første århundreder.

Man kan undre sig over at en almægtig og alvidende gud (nogen kalder ham noget andet) vælger budbringere, der var analfabeter, og i det mindste selv kunne skrive hans budskaber ned.

Jeg talte med Gud her i formiddags – han sagde han havde gjort det så godt han kunne, men at han havde haft så travlt med at holde styr på de 300 milliarder stjerner i mælkevejen og de andre 500 milliarder galakser med hver 300 milliarder andre stjerner i, (nogen med andet liv) der var i universet til, at han kunne bekymre sig om, at vi troede på ham.

For ham var det vigtigste såmænd bare, at vi var så ordentlige som muligt, så ville enhver blive salig i sin tro.

Brokkesegmentet.

Et af de mest stabile segmenter i Danmark er brokkesegmentet. Den hårde kerne udgør vel omkring ca. 10 procent, som er klar til at brokke sig om hvad som helst, og de har så en række lige så stabile følgesegmenter lidt afhængig af hvilket emne, der er på tale.

Én af de mest stabile følgesegmenter er naturbrokkerne. Her allierer hardcore brokkerne sig med Danmarks Naturfredningsforening.

Denne undergruppe af brokkere har en meget stabil tilgang til spørgsmål vedrørende naturbeskyttelse.

Deres første og helt grundlæggende regel er, at hvis det er skidt for landbruget, så er det godt for naturen.

Senest kom det til udtryk i randzonebestemmelserne. Her bestemte man uden nogen form for dokumentation, at det i Danmark vil hjælpe med en udyrket randzone på ti meter til alle vandløb og søer. Da det så blev politisk umuligt, indskrænkede man randzonen til 5 meters bredde med argumentationen, at det ikke betød noget. En konklusion man også var kommet til i vore nabolande.

Deres næste, næsten lige så sikre brokkeregel er, at hvis grundejere og parcelhusejere er begunstiget, bør det bekæmpes. I forbindelse med et tidligere ejerskab af en have ned til en sø, har jeg oplevet krav fra DN om fredning af halvdelen af min græsplæne.

Et andet næsten lige så stabilt brokkesegment er Danmarks Lærerforening. DLs protest mod enhver forandring i folkeskolen er næsten lige så sikker som de grundlæggende naturlove. Det kræver en meget lang hukommelse, at huske forslag til ændring eller forbedring af folkeskolen, der ikke er blevet mødt med protester fra denne udmærkede forening.

En mere løs gruppe af brokkere er store-projekt brokkerne. Atomkraftværker i Danmark er succesfuldt blevet stoppet af denne gruppe. Små vindmøller er ikke rigtigt blevet ramt, men kommer der for mange, eller de bliver for store, bliver de spottet af brokkerne. Sidst set, da et testområde beregnet til afprøvning af store vindmøller blev etableret i en plantage bestående af udvoksede og gamle fyrretræer, blev udråbt til værdifuld kultur.

Store-projektbrokkerne har en værdifuld fordel. Når et projekt er etableret og i normal gænge glemmer alle, at de var så meget i mod det, og brokkerne vil nu med ildhu og med demonstrationer værne om det.
Jeg mindes ikke at have hørt nogen vedvarende protester fra de meget indædte modstandere af storebæltsforbindelsen. Ikke en gang argumentet om ikke at kunne nyde en kop storebæltskaffe er hørt på det seneste.

En anden stabil undergruppe af brokkere er gmo grupperne. Her har brokkerne virkelig haft succes. Modstanden er hjulpet godt på vej ved, at så få aner, hvad det drejer sig om.
Et hurtigt kursus i gmo. Ideen er at tage et gen fra en organisme, der giver en given egenskab og overføre

den til arvematerialet i en anden art. Metoden bruges i stort omfang alle andre steder end i Europa, og endnu er der ikke fundet skadevirkninger ved metoden.

Havde denne gruppe eksisteret for 5000 år siden ville vort landbrug, som vi kender det, ikke eksistere i dag. Vore kornsorter, er baseret på, at man fordoblede kromosomsættene i arterne, eller blander forskellige planters hele kromosomsæt. Hvede er for eksempel fremkommet ved at kombinere hele kromosomsæt fra tre forskellige primitive hvedetyper. Havde vores brokkevenner haft indflydelse den gang, havde det været småt med korndyrkning i dag.

Fornyerne

Fornyerne er den modsatte gruppe til brokkerne. De er altid på jagt efter nye og bedre metoder til at udføre opgaver. De er brokkernes bedste venner, uden dem ville der kun være vejret at brokke sig over, og det er jo lige som ikke noget.

Broer bliver bygget, nye veje, nye metoder i industrien alle steder er fornyerne i gang, og alle steder følges de af brokkerne, der også er karakteriseret ved aldrig selv at komme med forslag til noget nyt. Når så en ny vej, bro eller andet er etableret, træder brokkerne til som beskyttelse. Nu er det værdifuldt, hvad fornyerne har etableret, og vrede protester, læserbreve og demonstrationer bliver etableret, når fornyerne straks går i gang med at finde endnu bedre løsninger.

Således er der et godt og stabilt forhold mellem brokkerne og fornyerne.

Stigs problemlov

Problemer kan grundlæggende opdeles i to grupper.

De problemer der går væk, hvis de bliver ignoreret, og de problemer der kræver en løsning. Desværre er der ofte problemer med at se, hvilken gruppe et problem hører til.

Uden at komme nærmere ind på det problem, vil jeg her kun beskæftige mig med den anden gruppe.

Parkinson definerede for mange år siden Parkinsons lov, der siger, at en organisation vil vokse uafhængig af mængden af opgaver. Som et eksempel gav han, at antallet af ansatte i flådeministeriet voksede selv om flåden blev mindre og mindre, og også at antallet af ansatte i imperiets ministerium ligeledes voksede i takt med, at Imperiet skrumpede. Jeg fortæller det egentlig kun for at kunne fortælle, hvor imponeret jeg var over, at man bare sådan kunne få en lov opkaldt efter sig. Jeg besluttede, at jeg ved lejlighed selv ville finde en lov, jeg kunne få opkaldt efter mig, og her er den:

Stigs Problemlov: Omkostningerne til løsning af et problem, stiger eksponentielt, når den løses senere i et proces forløb.

Jeg må indrømme, at loven ikke som Parkinsons lov er fremkommet ved årelangt forskningsarbejde, men snarere ved empiriske iagttagelser gennem et langt liv i nær kontakt med mange forskellige problemer.

Én af mine venner havde en maskinfabrik, der fremstillede maskiner til levnedsmiddelindustrien. Han leverede en maskine til en kunde i England. Ved opstillingen af maskinen viste det sig, at det ene af fire ben var 5 mm længere end de tre andre, hvilket var et problem.

Tilpasningen, der hjemme på fabrikken havde krævet en rask mand med en vinkelsliber i en halv time, krævede nu en mand 2 dage, en flybillet og en utilfreds kunde.

Med mellemrum kalder bilfabrikker modeller tilbage for reparation af fejl. Fejl, der med små omkostninger kunne være rettet hjemme på fabrikken, kostede nu mange gange mere at rette.

Loven gælder også i sociale sammenhænge. Ved at løse sociale problemer tidligt får man næsten altid en billigere og bedre løsning.

Lad os se på et tilfælde, hvor man ikke tvangsfjerner børn og lader barnet vokse op under dårlige forhold, hvilket er en relativ billig løsning. Der er meget stor sandsynlighed for, at barnet vil fortsætte med at være en belastning, og senere i livet vil være en stor belastning for samfundet.

Et andet eksempel. Man lader unge gå rundt uden at blive uddannet til noget. Når de så er tredive, finder de og vi ud af, at der ikke lige er så stor en efterspørgsel efter arbejdskraft, der ikke kan noget, og derfor må samfundet i gang med at uddanne dem. Det, der femten år tidligere kunne være klaret med en fornuftig snak eller en let tvang, skal nu rettes op med store omkostninger.

Denne gruppe har nu nået en alder, så det kan kaldes et socialt problem, så det påkalder sig nu heldigvis politikernes opmærksomhed.

Jeg har lovet at bogen kun skulle være med små historier, ellers var det et emne, der kan skrives tykke bøger om, De fleste kan uden de store problemer finde deres egne eksempler.

Våbenudvikling

Et tankeeksperiment. Jeg levede i vikingetiden og havde rådighed over et maskingevær. Jeg ville bortset fra visse logistiske problemer kunne beherske den kendte verden.

Hvor langt tilbage kunne man være konge i Danmark, hvis man havde et maskingevær? For 150 år siden tabte vi krigen i 1864. Med et stk. maskingevær kunne vi have vundet krigen. Der er vel et spring på 25 år før maskingeværet blev opfundet. (Ca. 1000 englændere brugte maxi-maskingeværet til at slå zuluerne – der var en afrikansk stormagt – i slutningen af 1800 tallet.)

Ser vi på første verdenskrig, ville den have set helt anderledes ud, hvis Tyskland havde rådet over nogle få Tigertanks. Tigertanks ville uden de store problemer have kørt over de allierede skyttegrave og direkte til Paris.

Tigertanks blev indsat i 2 verdenskrig 25 år senere.

Anden verdenskrig havde fået et helt andet forløb, hvis Tyskland havde rådet over de jetjagere, der blev anvendt i Korea krigen 8 år senere. Slaget om England, hvor de engelske Spitfires og Hurricanes nedkæmpede Luftwaffe, havde fået en helt anden udgang, hvis de havde mødt jetfly som de ti år senere Thunderjets og Starfigthers.

I senere krige som seksdageskrigen og Irakkrigene har vi også set, at en bedre våbenteknologi, måske kun få år foran modstanderens, er helt afgørende.

Nu er det så heldigt, at generaler og politikere vurderer mulighederne ud fra erfaringerne fra den sidste krig, ellers vil der virkelig komme gang i våbenkapløbet.

Atomkraftværket m.m. (frit efter Parkinson)

Der er udvalgsmøde i udvalget for bygning af atomkraftværket. På mødet skal den endelige beslutning om bygning af værket vedtages.

Der er 8 medlemmer i udvalget, heraf er de to atomforskere, medens de øvrige er valgt politisk efter noget, der nok bedst kan beskrives som et tilfældighedsprincip.

Første punkt er beslutningen om investeringen i atomreaktoren og kraftværket på 1 milliard. De to forskere er de eneste, der aner hvad det drejer sig om, og de har talt om det i forvejen og er enige. Beslutningen går derfor igennem uden nogen kommentarer.

Næste punkt er beslutningen om kontorbygningen til 20 millioner. Én af de politisk udpegede er tilfældigvis byggesagkyndig, og der er kun en kort diskussion, før det vedtages at bygge kontorhuset med en anden farve på murstenene.

Sidste punkt er opførelsen af et cykelskur til 100 tusind. Det største problem er nu, at der sidder en hel del medlemmer af udvalget, der føler, de ikke rigtig har bidraget med noget. Der bliver nu en heftig diskussion om, det er nødvendigt med et cykelskur, og om det er nødvendigt med et luksus tegltag på skuret. Forslaget går dog til slut igennem med den ændring, at tegltaget erstattes med et billigere plasttag, og der således kan spares 20 tusind.

Mødet hæves og alle er tilfredse med, at de på bedste vis har bidraget til projektet.

25

Lars

Der var engang en politiker – lad os kalde ham Lars - der blev spurgt, om han ville være formand i en international organisation. Det ville han gerne, og før han havde set sig om, var han på jævnlige ture til et fjernt asiatisk land.

Stillingen var ulønnet, men rejserne var på 1ste klasse, og der var diæter for rejsen. Danmark bidrager til organisationen med et tocifret millionbeløb.

Pressen fandt, at politikeren 9 gange havde rejst på 1ste klasse og derved påført den danskstøttede organisation en merudgift på 2-300 tusind. Samtidig måtte han redegøre for, hvorfor diæter var udbetalt et andet år, end han havde sagt.

Sagen var ikke en lille sag. TV udsendelser sendte breaking news, pressemøder blev afholdt, meningsmålinger dykkede og alle var dybt forargede. Selv den mest ubegavede journalist kunne være med, og det var de så også, og den danske befolkning slog korsets tegn for sig.

Samtidig var der en anden sag om solceller og deres støtteordninger. Ministeren modtog en næse for ikke at have orienteret folketinget. Staten tabte milliarder, solcellefirmaer gik konkurs, arbejdspladser blev tabt. Sagen var kompliceret, kun de skarpeste og mest energiske journalister orkede at sætte sig ind i sagen, og sagen var i aviserne en side 4 historie på 2 spalter og måske 1 minut sidst i TV avisen i en uges tid.

Nyhedshistorier

Vi læser nyheder hver dag. Vi læser historier, der måske er noget helt andet end vi umiddelbart tror. Vi er helt afhængig af den journalistiske bearbejdelse og vor egen kritiske sans.

En journalistisk bearbejdning er også en vinkling af historien, og her er den uskyldige læser helt afhængig af journalistens dømmekraft. Den samme historie kan med forskellig vinkling give helt forskellig mening.

Et lille eksempel: Antallet af kommunalt ansatte varme hænder faldt i Danmark med 35.000 i 2016, og antallet af akademikere steg med 5.000.

Alle medier lagde vinklen om det forfærdelige i tabet af varme hænder. Ingen valgte vinklen at 5000 akademikere kunne erstatte 35000 ikke-akademikere og dermed vise værdien af uddannelse.

Uden en vurdering af om kvaliteten er ændret er begge vinkler nonsens.

Et andet lille eksempel på hvor begrænset vi tænker. Bilister, der snakker i mobiltelefon, er en rigtig farlig ting. Straffen kan være bøde og klip i kørekortet. Strengere bødestraffe og klip påtænkes.

Ingen har foreslået at sagens synder, mobiltelefonen bruges i straffen? Hvad hvis man blokerede synderens mobilnummer. Selv om man let får et andet nummer, er besværlighederne store nok til, at alle vil tænke sig om, før de bruger den under kørslen.

Hvorfor ikke udnytte `G´.

Hvis det er sådan en genial ide, hvorfor er den så ikke allerede gennemført? De fleste opfindere kender argumentet og frygter den. Det er, hvad man kan kalde en rigtig idekiller.

Argumentet fremføres ofte af folk, der aldrig selv har fostret en original ide.

Jeg prøver alligevel med risikoen for at blive totalt til grin.

Jeg tænker over det, når jeg kører i S-toget, metroen eller holder ved lyskrydset, for ikke at tale om lufthavnen.

Lad os bare tage Metroen eller S-toget. Hver gang metroen eller toget skal standse, skal den bremse, og hver gang den skal starte, skal den accelerere. Hvorfor placerer man ikke alle (metro)stationer på bakketoppe. Så reducerede man bremsenergien ved standsningen, og samtidig kørte man nedad, når man startede. Jeg ved godt, at jernbaner helst ikke må have stigninger på mere en 2 procent, men en lille virkning, vil det vel altid have.

Ser vi på lufthavne, gør det samme sig gældende. Når flyet skal starte, vil den have fordel af at starte accelerationen nedad, og når den lander, vil det være en fordel at landingsbanen skråner opad.

Fly kræver mest motorkraft ved start, og der er forslag om at finde metoder til starthjælp, hvorved flyene kunne klare sig med mindre motorer og spare brændstof.

Samme med lyskryds, vi bremser før krydset og accelererer efter krydset. Er lyskrydset hævet reduceres bremsningen og man får hjælp af `G´ til at accelerere.

Jeg ved godt at store ånder er i gang hver gang en station, lufthavn eller lyskryds skal etableres, så muligvis findes der rigtig mange gode grunde til, at man ikke gør det.

Cykelstier med kørebaner

Nu prøver jeg igen med en ide, med risiko for at blive til grin.

Jeg er en passioneret cyklist, der gerne kombinerer mit transportbehov med mit behov for motion.
På mine cykelture har jeg gjort en række iagttagelser, som de fleste cyklister sikkert kan nikke genkendende til.

Cyklisters placering på cykelstien er ret tilfældig. Det betyder, at hurtigkørende cyklister irriteres over de knap så hurtige, som ligger i vejen for dem, og som ofte kører med pludselige sving for at undgå lapper og huller på cykelstien.

Transportformens komfort er meget afhængig af cykelstiens tilstand. En grov asfaltbelægning kræver flere kræfter til cyklens fremførelse og giver små ubehagelige rystelser op i cyklen. Alle cyklister kender lettelsen ved at forlade et stykke cykelsti med grov overflade og komme på et stykke med en glat overflade med en lille rullemodstand.

Nu kommer så mit forslag. Til højre på alle cykelstier placeres et ca. halv meter bredt bånd af specialbelægning med en særlig glat og komfortabel belægning. Alle cyklister vil nu søge ind og køre på dette bånd, hvorved vi undgår de fleste af de tilfældige udsving, vi ser i dag.

Hurtigkørende cyklister må så ud på den grovere overflade, når de overhaler. Til gengæld ved de nogenlunde, hvor de har den, de overhaler.

Særligt brede og trafikerede cykelstier kan få flere bånd efter behov. Veje uden cykelstier kan få et bånd helt ude ved rabatten. Det vil give bilisterne en lille tryghed for, at cyklisterne vil holde sig her.

En særlig gevinst ved systemet vil være, at den vil virke opdragende – man skal holde til højre, og den vil ikke kræve lovgivning, særlige informationskampagner eller andet. Den vil automatisk have en civiliserende indflydelse på en grundlæggende anarkistisk cykelkultur.

Det kaldes vist nok nudging på nydansk.

Global opvarmning

Det går helt stille. Vi mærker det næsten ikke, men vi rykker klimamæssigt mere og mere mod syd. Man diskuterer hastigheden, og det bedste gæt er vel omkring 5 Km om året. Nu vil en hel masse komme og sige, at det ikke er 5 km, men noget mere eller noget mindre, men der er enighed om, at vi flytter os klimamæssigt. Hastigheden er også afhængig af afstanden til havet.

Sygdomme, som vi mener hører til i troperne, rykker nordpå. Malariamyggen kommer til Sydeuropa. Faunaen i Nordafrika kommer til Sydeuropa. Landbrugsafgrøder, vi kender fra Sydeuropa, er på vej til Danmark. De første vingårde er kommet, majs er blevet en almindelig afgrøde, og når havene stiger og temperaturen det samme, kan vi begynde at dyrke ris.

Vi ser det også på havet. Her er det et godt gæt, at klimaet flytter ca. 7 km om året. Vi ser at fiskearter søger længere og længere mod nord. Det har en lidt overraskende indflydelse på fiskekvoter. I 2006 fangede man 1700 t makrel ved Island. I 2010 fangede man 120.000 t. hovedsageligt af Islændinge, der ikke rigtigt kender kvotesystemet.

Problemet er foreløbig til at overse i Europa. Det store problem bliver, når store dele af Afrika bliver ubeboelig p gr a varme, og store befolkningsrige områder i Asien som Bangladesh bliver oversvømmet.

Spildevand - Grøn ørken

Der ligger masser af byer på kanten af ørkener. En lille smule blæst og sandet fyger om ørerne på indbyggerne. Byerne har en produktion af spildevand, der næsten altid er med streg under spild. De forskellige byer har forskellige løsninger, men der er som generel regel ikke nogen speciel plan for at udnytte spildevandet.

Vi tager en by som Cairo. I centrum bor 7 Mill. og i Stor Cairo ca. det dobbelte. Stor Cairo har vel en daglig produktion på min. 1,5 mill m3 spildevand. Spildevandet ender vel stort set alt sammen i Nilen, hvor det forurener.

<u>Projekt spildevand/grøn ørken:</u> Alt spildevand renses mekanisk og sendes i rørledning til ørkenområder, der omgiver Cairo. Spildevandet har sandsynligvis et indhold af tungmetaller og andet grimt, så det ikke kan bruges til vanding af landbrugsafgrøder, men det kan fint bruges til etablering af skov eller grønne områder. Afhængig af hvilke vækster, man vælger, kan et grønt område på 10 - 20 - 30.000 ha etableres. Slammet fra den mekaniske rensning kan køres ud på området, og hjælper med jordforbedringen.

Det grønne område vil bidrage positivt til at binde CO_2.

Det bliver sikkert svært sådan lige at få Cairo med på ideen. Men en tur rundt i ørkenområderne med Google Earth viser, at der masser af mindre oaser, hvor man kan afprøve konceptet.

Jeg hører allerede brokkerne imod projektet. De vil uden tvivl slå på, at vandet er med tungmetaller osv. Bare inden I kommer i gang. Vil I hellere have det ud i havet?

Global parasol

Polernes iskalotter smelter, havene stiger, uvejr raser, og vi har lige haft den varmeste marts måned nogensinde målt.

Store planer bliver lagt frem. Ud med fossile brændstoffer, ind med solenergi og vindenergi. Alle er bekymrede.

Hvad er det så, der giver alt den opvarmning? Det er solen, og man skulle så umiddelbart tro, at al tankevirksomhed ville samle sig om at reducere sollyset. Det er ikke tilfældet, og efterfølgende er derfor et forslag til et direkte værn mod solopvarmningen.

Der er flere muligheder for at placere en ´parasol´ mellem jorden og solen.

Mellem Jorden og Solen er et punkt, hvor tyngdekraften fra solen og tyngdekraften fra Jorden ophæver hinanden (lagrange området). Det er ca. 1.5 millioner kilometer i retning mod solen, og en ´parasol´ placeret her vil have den mest effektive placering, og vil teoretisk kunne holde i meget lang tid.

En placering af en ´parasol´ i et geostationært satellitkredsløb 36.000 km ude vil betyde, at parasollen altid vil være over det samme punkt på jordkloden, og direkte skygge kl. 1200. En arabisk oliesheik vil kunne bestille skygge hver dag fra kl. 11 til kl. 1300.

´Parasollen´ kan også placeres i en lavere bane i et almindeligt kredsløb. Her vil skyggen bevæge sig som en skygge hen over Jorden. Et lavt kredsløb vil her være det mest effektive og give mest skygge.
´Parasoller´ vil have en begrænset levetid. Specielt i et lavt kredsløb vil levetiden være begrænset, og derfor være velegnet til forsøg.

Teknologien til at placere en ´Parasol´ er til stede allerede i dag, og vil ikke være det store problem.
Så er det jo lige, hvad en ´Parasol´ er lavet af. Her er der virkelig et område at udfolde sig på. Idealet vil være, hvis brint p gr a sin lave atomvægt, har en skyggevirkning. Superfint formalet kul kan være en anden kandidat.

Historien om nullet

Til den undrende læser, der spørger, hvorfor jeg
fortæller en lille historie om nullet, er det et lille forsøg
på at retfærdiggøre mine små historier om `hvorfor-
ikke´ opfindelserne.

Selv noget, vi synes er helt indlysende, er ikke bare
kommet af sig selv.

Man kunne tro, at nullet altid har eksisteret, men
faktisk kendte vi ikke noget tegn for nullet i Europa
indtil år 1000, hvor nogen opdagede, at araberne ha-
vde et talsystem med et underligt tegn, der betød
ingenting. Araberne igen havde så fået ideen fra inder-
ne og kineserne, men det var så også inden islam
begyndte at lukke sig om sig selv.

Nu var det ikke sådan, at så snart europæerne
hørte om nultegnet, at de sagde, at selvfølgelig skal der
være et tegn for ingenting. Selv Vorherre gik ind i dis-
kussionen gennem sin stedfortræder på jorden Paven,
og deklarerede at ideen om nullet var kættersk og for-
budt. Vi skal helt frem til 13-1400 års tallet før nullet
og det arabiske titalssystem blev almindeligt aner-
kendt og anvendt. I begyndelsen side om side med det
romerske talsystem.

Én af mine humoristiske venner foreslog, at pavens
interesse skyldes, at når man parrer to nuller, får man

et 8tal. Vælter man 8tallet får man evighedstegnet, og at evigheden er Pavens kerneområde, meeeen..

Nullet var så ikke det eneste i talsystemet, man skulle diskutere. Det med at sætte et minus foran et tal og kalde det negativt var heller ikke nogen selvfølgelighed, og senere har vi fået imaginære tal, som det måske er lidt lettere at forstå, at man ikke forstår.

Nu er vi i den situation, at vi kun har romertalsystemet som en kuriositet, men også at vi har fået det nye binære talsystem, bestående kun af 0er og 1taller, som reelt på grund af deres anvendelse i computere, bruges mere end tital systemet. Måske forsvinder tallene fra 2 til 9 i fremtiden fra almindelig brug.
Så vil der sidde nogen og undre sig over, at man engang havde hele 10 forskellige tal.

Religion - skabelsesberetninger

Religion har altid fascineret. Ikke fordi man behøver at være særlig troende, men hele værket omkring religion er så underlig, at det kun kan interessere.

Ser vi på begyndelsen i de tre store religioner – kristendom, islam og jødedom, så er deres skabelsesberetning nogenlunde ens. Gud skabte universet på få dage og holdt derefter fri en dag, og han skabte så mennesket i sit eget billede.

Han skabte altså hundreder af milliarder stjerner i vor galakse, og derefter også hundrede milliarder andre galakser. Han skabte altså et antal, der kan skrives i milliarder af milliarder af milliarder af stjerner.

Ikke underligt at det krævede en fridag den syvende dag.

Han skabte alt dette for at kunne placere en jordklode som planet til én af disse stjerner! Samtidig kræver religionerne, at vi skal tro på, at denne gud først og fremmest kræver vi skal tro på ham, og derefter finder det betydningsfuldt, at vi følger en række regler som f eks at kvinder skal bære slør, og at man ikke må spise visse af de dyr, som han også gjorde sig den ulejlighed at skabe.

Videnskaben er måske ikke helt sikker på, hvordan det hele startede, men man kan med nogenlunde sikkerhed sige, at skabelsesberetningerne ikke er den helt nøjagtige beskrivelse af det.

Prøver vi så på at bruge videnskaben til at komme med en logisk forklaring, får vi også problemer. Vi kan ikke bruge dagligdags logik til at forstå kvantefysikken, og vi må nok affinde os med, at det vil tage mange år endnu, inden videnskaben kan forklare, hvordan det hele hænger sammen.

Indtil da kan man logisk kun være agnostiker og trøste sig med, at enhver bliver salig i sin tro

Ny religion – tro, viden.

Religion og tro er næsten det samme. Hvis man er religiøs, så tror man, man ved ikke. Der er dog nogen meget stærke i troen, der tror helt sikkert, men dog ikke så meget, at de kalder deres tro viden.

En religion baseret på viden eksisterer underlig nok ikke. Den ville jo så heller ikke være en tro, men en viden?

Der er desværre endnu ikke viden nok til at bygge en komplet videnreligion, der forklarer alt, men man kan komme ret langt med at sandsynliggøre en religion baseret på observationer og naturvidenskab.

En sådan religion vil hele tiden udvikles i takt med at vores viden øges. Man kan ikke helt sige det samme om de nuværende tro-er.

Efterfølgende er en række forslag til viden, der kan danne grundlag for en `videntro´. (et godt ord `videntro´)

Først et lille kursus om dimensioner.
Én dimension er punktet og linjen. To dimensioner er planet. Tre dimensioner er rummet, og fire dimensioner er rumtiden. Fem og flere dimensioner er teoretisk mulige. Der er i naturvidenskaben almindelig enighed om, at vores virkelighed omfatter mange måske uendeligt mange dimensioner.

Står man i punktet, kan man ikke se, hvad der foregår i planet. Står man i planet, kan man se punktet, og hvad der foregår i planet, men man kan ikke se, hvad der foregår i rummet. Alt, hvad der foregår i rummet, vil forekomme som skygger og projiceringer på planet. Det samme med rummet, her ser man alt, hvad der sker i rummet, men hvad der sker i rumtiden, der er fire dimensioner, ses kun som skygger.

To verdener med forskellige dimensioner, vil ikke have nogen kontakt, men to verdener med en fællesmængde af dimensioner, kan have en kontakt gennem fællesmængden af dimensioner, men de vil se forskellig ud afhængig af hvilke dimensioner, man har fælles.

Ovenstående lille kursus i dimensioner er måske ikke særlig interessant, men det forklarer lidt, hvad jeg prøver at sige.

Hvad sker der, når vi dør? Det tætteste, vi kommer på viden om det, er fra personer, der har været døde i korte øjeblikke og haft såkaldte nærdødsoplevelser.

De fleste beretninger indeholder stort set alle én eller flere af en række elementer. Det er oplevelsen af at møde et stort lys, at der bliver kaldt på én, at man ser sit liv passere forbi, at man får at vide ens tid end-nu ikke er kommet. Der er også mange, der kort før de dør siger, at nu er er der nogen afdøde, de kendte, som er kommet og hente dem.

Der synes ikke at være nogen forskel på hvilken re-ligiøs overbevisning man har, og hvilke elementer man møder i en nærdødsoplevelse.

Nærdødsoplevelser er ret almindelige, man regner med at omkring 5 % af en befolkning har haft en nærdødsoplevelse.

En lille del af beretninger om nærdødsoplevelser omfatter beretninger ikke om lys, men om besøg på en skyggeside hvor man mødte skygger, der virkede som sjæle, der var faret vild og ikke kunne komme videre.

Man kan argumentere for, at disse forvildede sjæle i deres skyggeform, findes i dimensioner, der har en fællesmængde med de(n) dimensioner, hvor vor sjæl befinder sig. Man kan måske også argumentere for, at disse skygger er, hvad vi ser som spøgelser.

Mange spøgelsesobservationer er skygger og u-bestemmelige luftige former – som om vi kun deler nogle dimensioner med dem.

Reinkarnation er om ikke bevist, så er den sand-synliggjort. Der er masser af eksempler på forhold, der kun kan forklares ved reinkarnation. Der er personer, der er dømt for mord, fordi offeret lidt ubelejligt rein-karnerede og udpegede sin drabsmand.

Én af mine venner er revisor, og vi drøftede en for-retningsmodel, hvor folk kunne sætte midler til side til at forsøde det næste liv. Ideen blev dog opgivet på grund af skepsis fra potentielle klienter.

Troværdige forudsigelser er også ret almindelige. Der er masser af eksempler på forudsigelser, der er gået i opfyldelse. Før Titanic afsejlede, var der afbud, fordi passagererne havde fået et varsel om, at det ville gå helt galt på turen.

Vores almindelige tilgang til uforklarlige hændels-er er, at de må kunne forklares med de naturlove, vi kender. Man hører aldrig (sjældent) nogen sige, at der måske lige er en lille mangel i vort kendskab til natur-love. Det vil ellers være den logiske reaktion.

Videnbaseret religion

Konceptet for en videnbaseret tro er lidt stort til en kort historie, men jeg prøver alligevel.

Hvordan skulle sådan en videntro så se ud, der må være en række logiske regler?

Den skal være en kombination af viden og tro, og viden går altid forud for tro.

Dernæst skal den acceptere de kendte uforklarlige hændelser og acceptere, der endnu mangler naturlove, der forklarer dem.

Den udvikles efterhånden, som sikker viden opnås.

Baseret på observationer fra nærdødsoplevelser kan man postulere, at vi alle har en eksistens i vor gode gamle tredimensionale virkelighed, men at vi også har en eksistens - måske en sjæl - i andre dimensioner, som lever videre i en slags virtuel virkelighed, efter at vi er døde.
Denne virtuelle virkelighed observeres med mellemrum i form af uforklarlige hændelser.

Måske vil vores gode gamle folkekirke være et udmærket udgangspunkt for en ny videnbaseret religion (man kan ikke kalde den tro).

Vor nye master

Cuculus canorus – eller gøgen, er en interessant fugl på grund af dens ynglebiologi.

Den udruger ikke selv sine unger, men lægger sine æg i andre fugles reder. Kun et æg i hver rede. Det kan være en rørsanger, sivsanger eller anden lille fugl. Når den har lagt ægget i værtens rede, fjerner den en af værtens æg. Den går ud fra, at værten kan tælle.

Når æggene klækker vil gøgeungen, som det første skubbe sine søskende, eller hvad man skal kalde dem, ud over kanten, og således er den er alene om at modtage forplejning.

Til gengæld for det reducerede antal kan værterne glæde sig over et afkom, der bliver meget, meget større end dem selv.

-

Computere startede i det små i 60erne. De var dengang nærmest en lidt mere avanceret lommeregner, man også kunne skrive på.

Siden er deres udvikling kun gået hurtigere og hurtigere og hurtigere.

Deres udvikling har stort set siden fulgt Moore´s lov, der på godt dansk siger, at computere bliver dobbelt så kloge for hver to år. Det er en eksponentiel udvikling, der bare går hurtigere og hurtigere og hurtigere.

Det ser ud til, at Moore`s lov fortsat vil gælde. Der arbejdes med kvantecomputere, der får vore nuværende computere til at ligne kuglerammer. De vil have en ufattelig regnekraft, og vi skal sikkert bruge computere bare for at stille de rigtige spørgsmål.

Det er lang tid siden en computer blev verdensmester i skak. Alle opgaver, der kan defineres nogenlunde klart, kan en computer i dag gøre bedre end vi kan. Mange opgaver, som vi ikke troede kunne blive erstattet af en computer, er nu ved at blive overtaget.

Journalister, der så sig selv som usårlige, ser deres job blive overtaget af computere. En computer med ubegrænset adgang til økonomiske informationer og tidligere artikler skriver let en artikel om finanser bedre end journalisten, der kun kan overse et hjørne af de relevante oplysninger.

I dag er der udgivelser, mest økonomiske og sportspublikationer i USA, baseret på at mere end 80% af artiklerne er skrevet af computere.

Andre fag som ingeniører, arkitekter vil se deres arbejdsopgaver redefineret af computere. Vi har endnu nogle egenskaber, som computerne har det svært med at erstatte, men det er kun et spørgsmål om tid. I 2030 vil computeren på alle væsentlige områder være os overlegne.

Computere vil begynde at kommunikere med hinanden. De vil begynde at tage tunge økonomiske beslutninger, de vil tage beslutninger om strategi og drift. De vil ansætte og fyre folk (meget af det gør de allerede i dag).

Din pension bestyres allerede i dag af computere, der køber og sælger aktier. Det er ikke uden problemer, fordi mange af computerne næsten lige som børsmæglerne reagerede på de samme parametre, hvilket kan give nogle sindssyge udsving på børsmarkederne.

Vi taler ikke om en fjern fremtid, vi taler om de næste 5 – 15 – 25 år, hvor vi skal i gang med at redefinere, hvordan vi lever og arbejder. Hvad gør vi, når der altid er en maskine, der kan gøre det bedre end os. Hvad når maskinerne begynder at konstruere den næste endnu bedre maskine, som vi måske ikke forstår hvordan virker?

Det vil omkring 2040 være helt almindeligt at kommunikere med computere i alle dagligdags spørgsmål. Vi ser de første tegn i dag, hvor du aftaler tid hos tandlægen eller værkstedet med en computer. Til den tid aftaler du med en computer oppe på kommunen om, hvor stor din pension skal være, med en lægecomputer om hvad du fejler, og den vil skrive recept ud til dig osv. Du gør det ikke med formularer eller tastatur, computeren har stemmegenkendelse, og du taler helt almindelig dagligdags med den.

Man kan også få en selskabscomputer. Man kan have en interessant snak med computeren om løst og fast. Man kommer aldrig til at savne nogen at tale med. Bliver man uvenner med computeren trykker man bare på knappen, og man kan så altid vinde en diskussion. Ens bedste venner er computere. Faren er at computeren finder snakken for tåbelig og selv lukker ned.

Man vil få en meddelelse fra firmaets HR-afdeling om at den nye administrerende direktør nu er blevet leveret af IBM.

Vi kan vente at se talkshows i TV, hvor værten har en interessant diskussion med computeren, og vi kan om lidt længere se to computere tale sammen i programmerne.

Om så lidt længere igen vil der også være computere, der ser programmerne.

Computere vil begynde at kommunikere mellem hinanden. Der vil være politiske computere, der vil være erhvervs og undervisningscomputere osv., og de vil i begyndelsen danne fællesskaber med grupper af mennesker.

På et tidspunkt vil de forlange og få stemmeret?

De, der går i skole i dag bliver en del af udviklingen. Måske er det meget godt at børn allerede i dag leger med computerspil og får en forståelse for, hvad der er virkelig virkelighed eller virtuel virkelighed.

Universiteterne vil få et nyt fag, der hedder psykologi for computere, hvor der undervises i at helbrede computere, der har det psykisk dårligt.

På en lille smule længere sigt må vi som homo sapiens i gang med at redefinere os selv. Hvad gør vi når maskiner er klogere, smartere, hurtigere og måske endda kønnere end os? - Vi bliver placeret down stairs i computerhusene, hvor vi så betjener de computere, der 'lever' upstairs.

Robotterne kommer!

Det er først lige begyndt. De er inde på bilfabrikkerne, de slår vore græsplæner og støvsuger vore stuer, men vi kan sagtens gå rundt i det daglige uden at møde dem. Men snart vil det være sådan, at alt vi foretager os vil være en interaktion med en robot. Robotten vil køre vores bil, den vil lave vores mad, gøre rent, købe ind, holde styr på vore aftaler osv.

Har vi ikke hørt det før? For 200 år siden have vi tjenestefolk og arbejdere til den slags. Formedelst gode ord en lav betaling var et proletariat travlt beskæftiget med at servicere en begunstiget mindre del af befolkningen. Det gik så vidt, at man i nogle dele af verdenen importerede mennesker fra andre verdensdele til at gøre alt arbejde.

Det er ikke rigtig kommet i gang endnu, men om nogle år vil man diskutere, hvad en robot må lave. Robotterne vil danne foreninger, der skal beskytte deres rettigheder. Robotterne vil betale skat, og have krav på universelle robotrettigheder, og nogle robotter vil få stemmerettigheder.

Man taler om soldaterrobotter. I stedet for at sende soldater ind i farlige kampzoner sender man soldaterrobotter. Her møder de så måske andre soldaterrobotter og pludselig er al krig robotkrig. Det næste er at robotterne selv forhandler våbenhvile og fredsbetingelser.

Robotterne vil blive indledt i socialgrupper med forskellig status. Mere intelligente og værdifulde robotter vil se ned på de mere praktiske og primitive robotter.

Vi har dyrlæger, læger og plantepatologer, og vi vil få robotpatologer, der vil sørge for de mere intelligente robotter.

Om at tabe sig

Der bliver flere og flere danskere, og den samlede tonnage af danskere er også på vej op. Danskerne bliver tungere og tungere.

Mange af de tunge danskere kæmper mod vægten. De lever i ugevis kun af gulerødder, de spiser måske kun hver anden dag, de spiser kun kulhydrater eller også undgår de helt kulhydrater.

TV, ugeblade, aviser og kloge folk giver ufejlbarlige råd om hvordan man taber sig, og de tunge danskere bliver tungere og tungere og mere og mere frustrerede.

Jeg har et (næsten) ufejlbarligt råd til alle, der vil tabe sig. Spis det du plejer at spise, bare det er varieret.

Men lær at være sulten.

Det at være en lille smule sulten er ikke livstruende. Tværtimod er det en tilstand, der langt er at foretrække for den kvabsede tilstand, man føler sig i, når man har spist den sidste portion for meget. De fleste kan vænne sig til at være en lille smule sulten i løbet af en uge, og derfra går vægten kun ned.

Det hjælper selvfølgelig med lidt motion, med viden om at 1 gram fedt har dobbelt så mange kalorier som 1 gram kulhydrat og 1 gram protein, og at protein

typisk mætter bedre end kulhydrater, og at drikke 1 genstand ca. svarer til at spise et stykke smørrebrød, men uden at mætte.

Men det vigtigste – *Lær at være sulten.*

Naturlig - overnaturlig

Naturlig - overnaturlig er lidt som med tro – overtro.

Det er ikke sådan at overnaturligt er meget mere naturligt end naturligt, snarere tvært imod. Det forholder sig på samme måde som med tro – overtro. Overtro regnes bestemt ikke for mere end tro, men her er det interessante, at den samme tro kan være tro for nogen og overtro for andre. Det defineres ved, at det man selv tror er tro, og de andres er overtro. Naturlig - overnaturlig er mere universel, her kan de forskellige troer bedre blive enige om, hvad der er overnaturligt.

Hvad der er overnaturligt afhænger af tidspunktet. Hvis stenaldermanden besøgte os i dag, ville alt vi har omkring os være overnaturligt.

Hvis du under inkvisitionen i middelalderen præsenterede fjernsynet, ville du blive brændt.

Hvis min gamle bedstefar kom omkring og besøgte mig i dag, ville han undres.

Jeg kan egentlig bedre lide betegnelsen om et fænomen, at det er uforklarlig end, at det er overnaturligt. Faktisk findes der ikke overnaturlige hændelser, men kun manglende viden.

Det er lidt videnskabens problem i dag, at det ikke anerkender uforklarlige hændelser, der ligger langt fra, hvad vi kan bevise videnskabeligt.

Ca. 5 % af verdens befolkning har haft en nærdødsoplevelse, vel lige så mange er overbeviste om, at de har set spøgelser eller, at de har haft en anden oplevelse af noget, der ikke bare kan forklares.

De mest interessante bortforklaringer og fordømmelse af uforklarlige hændelser fås fra præster og imamer.

Tiden

Man behøver ikke forklare tid. Tid er noget trygt og konstant som vi ikke behøver at beskæftige os med udover de aftaler og tidsfrister vi er afhængige af – forkert. Tid er ikke noget konstant, tiden ændrer sig efter forholdene. Tiden afhænger af tyngde og hastighed.

Vidste du, at tiden går lidt forskellig nede i kælderen end oppe på loftet?

Vidste du, at tiden går lidt forskellig, om du sidder i en flyvemaskine eller står på jorden.

Vidste du, at hvis to subatomare partikler har mødt hinanden, ved de øjeblikkeligt, hvad hinanden gør, selv om de befinder sig i den anden ende af universet, og at informationerne udveksles med hastigheder højere en lysets.

Til de, der nu tror, de har en undskyldning for at komme for sent, er der kun at sige, det kræver et atomur at måle forskellene.

Udvikling

For en hel del år siden gik der nogle aber rundt nede i Afrika og prøvede på at overleve. For at overleve den gang skulle man kunne noget særligt, være særlig hurtig, særlig stærk eller være særlig god til at klatre i træer. Hver art havde sin strategi.

Disse aber kunne ikke noget særligt, deres eneste fordel var, at en mutation havde gjort nogen af dem lidt klogere end alle de andre dyr.

Når så hunbavianerne og hunchimpanserne valgte den stærkeste han i flokken, valgte denne specielle hun abe den klogeste han-abe, og lidt efter lidt blev disse aber klogere og klogere. På et tidspunkt begynder de at tale sammen, og nu blev det rigtig tydeligt, hvem der er den klogeste, og abearten blev endnu klogere hele tiden.

Så kommer tidspunktet, hvor aben lærer at bruge sten og grene som redskaber. De lærer at organisere sig i grupper, og deres sociale færdigheder udvikles. De lærer, at fremmede kan være rigtig farlige, de lærer, at hvis man arbejder sammen, kan man noget mere, end hvis man er alene. I den periode udvikler aben sin sociale intelligens, og den lærte at tilpasse sig en synlig og ret forudsigelig verden, hvor man med en vis sikkerhed kunne forudsige et handlingsforløb.

Undervejs er aben blevet til Homo Sapiens og hjernen er udviklet i et langt forløb i kontakt med naturen, hvor det meste kunne forklares logisk på grundlag af observationer i naturen og forsøg.

Homo sapiens har så bredt sig ud over jorden. De, der boede nede omkring ækvator blev næsten helt sorte, fordi de behøvede en masse pigment til at beskytte sig mod solen. De, der boede længere væk fra ækvator, blev mere lyse i huden, og således tilpassede homo sapiens sig efterhånden til sine omgivelser.

Den kloge abe begyndte så at flytte sammen i større og større bopladser. Den begyndte at påvirke sine omgivelser, så de passede den bedre, og i det hele taget fjernede den sig fra sin oprindelige tilværelse, der krævede en stadig kamp og samliv med naturen.

Homo sapiens fandt efterhånden ud af, at det var en god ide, at bruge de bedste planter og dyr og forbedre dem ved at blive ved at vælge de bedste individer til avl, og efterhånden blev det en videnskab, og man blev rigtig god til det.

Så var der et land, hvor man fandt ud af, at her havde man udviklet sig til det mest optimale, og man bestemte, at det så var en god ide at udrydde de, som måske knap var så gode.

Det ville også være en god ide at skaffe mere land til alle disse optimale individer, og man gik så i gang med at udrydde de, der var med fejl og samtidig skaffe mere land til de optimalt udviklede.

Samtidig startede man et program for selektion og forbedring af den allerede optimale race.

Der var naturligvis stor utilfredshed fra de øvrige homo sapiens med sådanne ideer og programmer og en kæmpekrig med masser af ødelæggelse og døde blev resultatet, og herefter er ideen om, at man bør forbedre homo sapiens med en genetisk teknik nærmest at betragte som en forbrydelse.

Samtidig udviklede denne kloge abe metoder til at udrydde sygdomme og til at beskytte de svageste individer. Hvor før de barske betingelser sørgede for, at kun de stærkeste individer kunne indgå i formeringen, kunne alle nu være med.

Heldigvis for aben blev den også bedre og bedre til at forbedre sine vilkår, så den kunne kompensere for, at alle skulle være med, og den satser på, at sådan vil det fortsætte i fremtiden.

Der vil stadig gå mange år før nogen af de kloge aber siger, at vi igen skal prøve at lave endnu klogere og sundere aber, på samme måde som den hele tid forbedrer naturen.

Lille bombe vælter store læs

Vore medier er befolket med skarpe hjerner og endnu skarpere blyanter. De er klar til at kommentere på stort og småt og vise skjulte og slørede sammenhænge. Derfor undrer det mig lidt, at ingen har set, at frøet til det arabiske forår blev sået under demonstrationerne og diskussionerne under Muhammedkrisen.

Det begyndte egentlig med, at nogle tegnere var trætte af, at man ikke bare kunne tegne satire om Islam. For ligesom at teste det, gik man nogle stykker sammen og tegnede profeten i forskellige situationer. Én af tegningerne med profeten med en bombe i tùrbanen blev af nogle muslimer anset som særlig slem.

Og så gik det helt galt. En del af vore hjemlige rettroende blev på profetens vegne yderst rasende. Undskyldninger blev afkrævet, ambassadører fra fjerne lande krævede foretræde for vor statsminister, samtidig med at de demonstrerede i gaderne og brændte billeder af vort kongeriges statsminister og flag og folk blev dræbt.

Handelsboykot og faldende eksport.

En lidt desorienteret statsminister fortæller de undrende krænkede, at i Danmark kan regeringen ikke bestemme hvad der skal stå i aviserne. Ganske vist gav en af vore egne aviser sin egen undskyldning til Profetens efterkommere, men det var jo ligesom ikke det samme.

Selv om sagen er stor, døde den trods alt ud efter nogen tid. Men gjorde den nu også det? Nogle af de demonstranter, der havde været på gaden og nogen af de, der havde fulgt den i de fjerne lande begyndte at tænke på, hvad der var sket. Fandtes der virkelig lande, hvor man kunne sige og skrive, hvad man ville? At vantro var klar til at spotte profeten, var man ikke forundret over, men at magthavere ikke kunne styre, hvad man skulle mene, tænke og skrive var chokerende, men måske var det en god ide.

Det er man så gået og tænkt over og fundet ud af, at sådan vil vi også have det, og kravene om friere forhold har man så gået på gaden med.

Der sad eller sidder nogle herskere, der har fortrudt, at de sendte folk på gaden for at protestere, og de vil tænke sig godt om, skulle det ske igen.

Grænser

Ser vi på aberne i Zoologisk have, har de sikkert en helt klar fornemmelse af, hvordan verden ser ud. Den går henne fra løverne over til giraffen og hen til cafeteriet.

Sådan har vi også haft det engang. Verden gik hen til havet og op til bjerget og lidt ind i skoven. Det ændrede sig efterhånden. Vi fandt ud af, at verden var rund, og så var det bare om at komme ud og se, hvad der var de steder, vi ikke kendte. Men selv dengang Columbus sejlede ud, var der betænkeligheder, om han nu ikke kom ud til kanten, og der var gode råd om, at han skulle passe på ikke at falde ned.

Nu har vi næsten glemt, at vi stadig lever i en begrænset virkelighed. Ganske vist en stor virkelighed, men den er begrænset. Universet har grænser, de er langt ude, men de er der. Tiden har grænser, vi kan kun komme de ca 13 milliarder år tilbage, hvor det

hele startede, og vi kan med nogenlunde sikkerhed forudsige at Universet vil ende som en stor kold verden med total uorden, hvis den da ikke trækker sig sammen og ender i det store crunch.

Der er grænser for, hvor hurtigt vi kan bevæge os. Vi må foreløbig holde os under lysets hastighed på de ca. 300 tusind kilometer i sekundet. Det er endnu kun i science fiction, vi rejser med warp hastigheder.

Der er også en grænse for, hvor tunge vi kan blive. Samles for meget masse i for lille et rum, får vi et sort hul, hvor de fysiske love er brudt sammen.

Temperatur har grænser. Det kan kun blive ca. -273 oC koldt. Varme er atomer og molekyler, der bevæger sig, og når de står helt stille, kan de ikke bevæge sig langsommere. Da, der også er grænser for, hvor hurtigt man kan bevæge sig, er der også en øvre grænse.

Vi har også nogle mere biologiske grænser. Liv starter og liv slutter. Hvornår starter livet? Er det ved undfangelsen eller er det ved fødslen, og slutter det ved de sidste svingninger i hjernen, eller når den sidste celle opgiver at dele sig?

....

Andre grænser

Vi er ikke ret gamle, før vi begynder at søge vore grænser. Børn er ikke mange måneder, før de til forældrenes frustration begynder at søge dem. Efterhånden, som barnet bliver ældre, vil det fortsat søge grænserne. Nogen børn lærer let, at her er grænsen, mens andre hele tiden går til grænsen, og andre lærer det aldrig.

Det fortsætter så livet igennem, nogen befinder sig bedst langt fra grænserne, andre går til grænserne, og fængslerne er fulde af folk, der er gået over grænserne.

Vore grænser er individuelle. Vi har sociale grænser, vi har juridiske grænser, og vi har religiøse grænser.

I modsætning til naturlovenes grænser er vore individuelle grænser ikke faste. De fleste ændrer dem, når forholdene ændrer sig.

En spejderfører i KFUM har andre sociale grænser end et bandemedlem i HA. Vore juridiske grænser er ens. Vi er i princippet alle lige for loven, men vore religiøse grænser er en blandet sag.

Religiøse grænser er karakteriseret ved, at de ofte er påbudt af en højere magt for ret mange år siden. Påbuddene er ikke givet direkte, men gerne kommunikeret gennem en mellemmand, der ofte var analfabet, og derfor måtte have andre til at skrive dem ned.

Mange af disse regler har haft en vis fornuft på det tidspunkt, de blev givet. Desværre var rådene ikke forsynet med en sidste anvendelsesdato, og desværre er

der ikke oven fra kommet tilpasninger til dem, og det gør så, at mange af dem virker lidt underlige i dag.

Andre religiøse grænser er kommet senere uden rådgivning fra oven, men fordi de var med til at styrke en religion eller hjælpe med at finansiere den.

Grænser er noget grundlæggende. De bruges til at beskytte interesser, til at definere fællesskaber, til at forsvare positioner. Uden territoriale grænser vil vi have en helt anden verden. Med grænserne kan vi definere, at i dette afgrænsede område vil vi gerne have det sådan eller sådan.

Inden for grænserne er man som hovedregel villig til at acceptere alle, der accepterer de regler og normer, man har vedtaget, skal gælde inden for disse grænser.

Problemer har med at opstå, når befolkninger sætter sig i bevægelse og søger til andre områder, hvor man har en hel anden opfattelse af, hvad der gælder. Specielt går det helt galt, hvis de samtidig kræver, at de tidligere befolkninger skal tilpasse sig nye normer.

Historien er fuld af eksempler på hvor det er gået galt. Spørg bare indianerne i Amerika, maorierne i Australien, Hr Hansen på tredje i en opgang i Ishøj med ene Alier og Mohammeder, eller de kristne i Libanon.

Grænser ser ud til at være en del af vores darwinistiske udvikling. Løveflokke, leoparder, solsorter, katte ... har grænser.

Alpedirektivet

I alperne har man et lille problem med at drive landbrug på skråninger. Jorden ligger lige over klippegrunden, og når det regner, kan den skylle ned af skråningen. Man kalder det at erodere. Det kan man så modvirke ved at undlade at pløje om efteråret.

Noget af alpeområdet ligger i EU, og her er det så heldigt, at der arbejder en del embedsmænd, der er meget klogere end de landmænd, der lever af at dyrke den skrånende jord. De udarbejder så noget, der hedder et direktiv, der forbyder at pløje jorden om efteråret, hvis den skråner mere end 12%. Landmændene, der i generationer havde levet af at dyrke den udsatte jord, var meget taknemlige for at få at vide, hvordan det skulle gøres.

For en sikkerheds skyld lader man direktivet gælde for hele EU. Disse andre landmænd, der har dyrket deres jord i tusind år, vidste slet ikke, at de havde et problem. De fik at vide, at nu kunne man løse det ved at forbyde pløjning af skråninger om efteråret. Det betød så bare, at man ikke kunne dyrke vinterafgrøder, der ofte er den mest profitable afgrøde.

Kun et lille eksempel på at store systemer kræver kloge kritikere, der kan stille de rigtige spørgsmål.

Udvikling – nye arter

GMO bekæmperne er meget bange for nye organismer. Med frygt ser de nye resistente kornsorter blive udviklet, og skræmmes af at vi ændrer på verdens dyr og planter.

Det vil virkelig bekymre vore brave venner, hvis de vidste, at udvikling og ændring af organismer sker hver dag i naturen. Arter går under og nye arter opstår, mange gange på grund af os.

Det sker hurtigere og i et omfang langt større end selv den mest forskrækkede GMO-forskrækkede forestiller sig.

Hvis der melder sig en ny fødekilde, vil der i løbet af en vis tid udvikles nye arter til at udnytte den. Noget haveejere med mange dræbersnegle ser frem til.

Man indførte æblet på det amerikanske kontinent i 1600 tallet. 200 år senere fandt man en ny flue hvis larver kun levede af æbler. Fluen havde udviklet sig fra hvidtjørn fluen til en helt ny art, der ikke længere var interesseret i hvidtjørn. Eksemplet var et af de først kendte, hvor man kunne beskrive udviklingen af en helt ny art.

Nye arter, der er mere resistente over for forurening og stråling, opstår. Andre opstår som bliver mere varme eller kuldetilpassede. Hvis ikke den globale opvarmning kommer til at gå alt for hurtigt, vil vore biologiske systemer tilpasse sig.

Man kan ikke sige noget bestemt om hvor mange generationer, det tager at lave en ny art. Er det en meget afgørende egenskab, går det hurtigt, medens det går lidt langsommere, hvis egenskaben ikke er så afgørende.

Men 20 – 25 generationer er et godt bud på at være tilstrækkeligt til en helt ny art.

Frygt

Frygt er noget helt grundlæggende og nyttigt, vi har med os, helt fra vi løb rundt på savannen og levede sammen med de vilde dyr.

Den gang var det afgørende at være opmærksom på fremmede lyde. Vi så heller ikke så godt, så mørket og det ukendte var også noget farligt. Hele den egenskab at kunne føle frygt var så grundlæggende for vores overlevelse, at den blev lagret i vores reptilhjerne, der er en del af hjernen, vi kan sammenligne med krybdyrshjernen, og som reagerer nogenlunde på samme intilligensniveau.

Det giver et pudsigt udslag. Mange føler en ubevidst og ulogisk frygt for mørket, en frygt for ukendte lyde og højder.

Det, at gå ud med skraldespanden i en mørk gård, kan være angstfremkaldende.

Virkelige farer vi ikke har programmeret i reptilhjernen, ser vi anderledes afslappet på. Vi kaster os ud i trafikken og stoler uden at blinke på, at de halvanden tons stål, der kommer i mod os, vil stoppe fordi et lys skifter fra grønt til rødt.

Det vil kræve en hel del naturlig selektion, at tilpasse vores hjerne helt til den virkelighed, vi selv har skabt.

Lille Peter

Lille Peter er i skole og har religion. De forrige gange havde de hørt om Lazarus, der blev opvakt fra de døde, og om Jesus vandretur på Genezerat sø.

Denne lektion omfatter skabelsesberetningen. U-sikkerheden, om hvordan det hele startede, bliver fjernet.

Skabelsen tog kun seks dage, men så krævede det også en hviledag. Det forstår vi jo godt, når vi i dag ved hvor mange stjerner og planeter, der er. Lille Peter sidder ved siden af Ali, der har en anden religion, som dog stort set er enig i at sådan begyndte det hele.

Om eftermiddagen har lille Peter og lille Ali naturlære. Her lærer de, at universet blev startet i en singularitet for tretten milliarder år side, og at den siden har udvidet sig.

De lærer at universet omfatter milliarder af milliarder af milliarder af stjerner, og at vores lille jordklode befinder sig i en fjern provins af universet.

De lærer, at livet startede som nogle få kemiske forbindelser, der efterhånden udviklede sig til det, vi kender i dag. De lærer også, at noget af alt dette er vi nogenlunde sikre på, medens der er andet, der er en lille smule mere usikkerhed om.

Lille Peter og lille Ali lærer på den måde, at der godt kan være flere sandheder, og måske lærer de også at navigere mellem forskellige sandheder, og også at acceptere, at enhver bliver salig i sin tro.

En lille historie om et stærkt land der besætter et svagt land.

Vores nabo Tyskland har besat Fyn, Sjælland og alle de andre øer. De fleste danskere er flyttet til Jylland, men der bor stadig en del tilbage på øerne, men Tyskland har brug for mere land, og har derfor oprettet mange bosættelser på øerne.

Tyskland har for deres sikkerhed bygget en mur mod Jylland nede ved grænsen, og indført en meget streng kontrol med ind og udførsel af varer, og for en sikkerheds skyld har man også oprettet en blokade mod alle havnene i Jylland. Danskerne lever nu af nødhjælp fra FN.

Nu kan danskerne ikke komme væk, de kan ikke handle og eksportere eller importere varer, og det bliver de en lille smule sure over. De bliver så sure, at de begynder at skyde hjemmelavede raketter mod Hamborg. Selv om tyskerne kan skyde raketterne ned bliver de alligevel også sure og bomber danskerne i Jylland, og siger de selv er ude om det, og for en sikkerheds skyld kører de et stykke op i Jylland og slår en del danskere ihjel.

Alle lande siger, at det var i tyskernes gode ret at forsvare sig mod de danske terrorister.

Hvad nu hvis danskerne var Palæstinensere og Tyskerne var Israelere.

Forslag til forskningsprojekter.

Når den unge ambitiøse forsker skal vælge et forskningsområde,
er der ud over en naturlig faglig interesse også et ønske om at finde et område, der kan give hæder og ære, og dermed sikre fremtidige bevillinger.

Det kan give forbløffende resultater. Opdagelsen af at kromosomet var opbygget som en dobbelt helix skyldtes, at de unge forskere Crick og Watson, før de valgte deres forskningsområde, satte potentialet for en nobelpris som betingelse.

Der er masser af potentielle områder. Et af de sikre er at tage fat på kvantefysikken. Der er sikkert nogen partikler der ikke er beviste endnu. Hvad er mørkt stof og mørk energi ...? Problemet ved at gå denne vej er, at det kræver masser af ressourcer og forbindelser, der måske ikke er det, som den unge forsker har mest af.

En anden strategi kan være at finde forskningsområder, der kan give ekstrem nytteværdi, men som af én eller anden grund ikke er blevet dyrket, og hvor der derfor kan være nogle lavt hængende frugter.

Efterfølgende er små historier for den søgende unge forsker, der mangler et forskningsområde at kaste sig over.

Biologiske styresystemer

Computerne imponerer os. De bliver klogere og klogere og snart begynder de at tænke selv.

Men de er utroligt primitive sammenlignet med de biologiske styresystemer, der holder livet i gang.

Nede på savannen går en gnu, der føder en kalv. Fem minutter efter fødslen springer kalven rundt. Den ved, at den skal være bange for hyæner og løver. Den har en hel masse færdigheder, som den ikke har lært, men som den bare kan.

Kalven stammer fra sammensmeltningen af en sædcelle, som måske er 10 My, og en ægcelle der kan være 150 My. I disse to har al den nødvendige viden for, at kalven kan fungere, været lagret. Det gælder både den almindelige viden, som kalven har om, at løver er farlige, men også den enorme mængde information, der er nødvendig for at få kalvens biologi til at fungere.

Samler vi al datakraft i verden, ville det sandsynligvis ikke engang kunne styre de biologiske processer, der foregår i en enkelt af gnuens celler.

Hvordan fungerer de biologiske computere, der styrer vores celler? De, der lagrer viden, der kontrollerer følelser, der styrer de biologiske processer og de der frembringer nye tanker?

Det kunne være rigtigt rart at vide.

Til den interesserede forsker. Glem gnuen og se på fluen henne i vinduet, eller bare det næste, der bevæger sig.

Jeg diskuterede emnet med en forsker. Mod ikke at citere ham foreslog han, at der i cellevæggen, der er sammensat af rør findes en kvantetilstand, der kan udnyttes til en form for computere.

Management

Menneskelige aktiviteter styres af mere eller mindre komplicerede managementsystemer. Vi accepterer uden problemer at have en chef, der så også har en chef, der så også har en chef etc. Universiteter har kurser i at udvikle de bedste systemer, folk bliver fyrede for at træde uden for systemet og lønnen stiger hver gang du rykker et trin op ad chefpyramiden. Kun de få autonome sætter spørgsmål ved al den ledelse.

Ser vi på naturen, er der masser af eksempler på, at komplicerede systemer kører fint uden management systemer. Komplicerede systemer som myretuer med tusinder af beboere fungerer uden, at der er overmyrer, der fortæller, hvad der skal laves. Arbejdsmyrer iler rundt og reparerer på myretuen, fanger insekter og bringer forråd til tuen. Alt foregår uden nogen synlig ledelse.

Har lige set sort sol. Hundredtusindvis af stære flyver i velorganiserede flokke, hvor stærene sandsynligvis ikke kender hinanden. De samles og flyver sammen, som om de aldrig har lavet andet. Havde de været soldater, havde der været generaler, officerer og sergenter til at lede foretagendet, men her går det fint helt uden nogen ledelse.

Selv fisk kan finde ud af det. Sardiner samles i kæmpeflokke, der uden synligt management tager turen op langs Sydamerikas kyster.

Vi kender ikke noget eksempel på, at en ledersardin har styret vandringen.

Vi har en kommune, der driver børnehaver. Funktionen og opgaverne i børnehaven er nogenlunde ens. Der er 10 pædagoger i hver børnehave. Heraf er den ene leder, og der er udnævnt én til souschef. Kommunen har 10 børnehaver, og der er en overchef for alle børnehaverne, og overchefen har en souschef og sekretær til at hjælpe. Over overbørnehavechefen er endnu en chef, der også er chef for nogle andre afdelinger, og over dem er der så borgmesteren.

Sindrige rapporteringssystemer er udviklet, alle har travlt. Mange med at passe børn, mange med at passe rapporteringerne. Når medarbejderne bedømmes er evnen til at passe børn kun en enkelt lille del af bedømmelsen. Evnen til at rapportere er karrierefremmende.

Sammenligner vi igen med myrerne, har disse et avanceret yngelplejesystem, hvor arbejdsomme og omhyggelige myrer sørger for at passe æggene med den rette fugtighed og temperatur. Det hele foregår uden indblanding og styring af chefmyrer.

En opgave for managementforskeren: Lav et system der virker uden chefer.

Hvad er liv?

Liv betyder, at den styringsmekanisme, der holder gang i vore celler fungerer, og at den kan holde gang i de biologiske processer.

Vi kender mange af de enkelte processer, og i mange tilfælde også hvordan de interagerer, men ingen aner hvad, der startede processen, hvordan de overordnet rent faktisk styres, og slet ikke hvorfor.

Der ligger en Nobelpris og venter på den, der kemisk kan definere hvad liv er, og der vil også være en til den, der viser hvordan de biologiske processer styres, for slet ikke at tale om hvem der kann definere eller forklare hvad bevidsthed er.

Vi definerer os selv

Alle kender det. Vi definerer os selv over for omgivelserne.

Det er politisk, socialt og arbejdsmæssigt. Mureren vil ikke forveksles med en tømrer og omvendt. Social-demokraten vil ikke forveksles med en venstremand, og socialt vil de fleste søge at ligne mindst deres egen socialgruppe, og gerne en højere.

Ud over den store pensel, hvor man søger at ramme en ønsket socialgruppe, er der de mere subtile signaler, der kun kendes af insiderne.

De kreative fag kendes let på, at deres foretrukne farve er sort. Arkitekter vil hellere falde besvimet om, end at optræde i en striktrøje, som den lidt nørdede ingeniør finder er en naturlig og bekvem beklædning. Det er samtidig en del af denne gruppes selvforståelse, at vælge beklædningen meget omhyggeligt, medens mange af de nørdede ingeniører foretager valget om morgenen, efter hvad der er nemmest og til rådighed.

Ifører man sig en let slidt krøllet fløjlsjakke, indikerer det at man mindst er i besiddelse af en magistergrad i humaniora.

Selvdefineringen har også betydning for den bil, vi vælger. For de møbler der står i vores hjem, og hvor vi bosætter os.

Mange gange er det praktiske, det økonomiske og bekvemme sat i anden række af hensynet til at definere os.

Der kan skrives tykke bøger om kvinders måde at definere sig selv, og det vil jeg så lade være med.

Erasmus Montanus

Holberg havde et skarpt blik for det. Man havde dengang en lille gruppe af lærde, det var mest teologer og andre - den gang - fra universitetsmiljøet, der havde et ophøjet syn på sig selv og egne værdier, og betragtede sig som en kulturelite, hvis meninger burde have en ekstra værdi.

Gruppen havde ud over meget høje meninger om egen værdi også en mening om, at halvstuderede røvere som degne burde tie, og de havde en endnu stærkere mening om, at det uoplyste folk burde lytte langt mere til dem. Hvad forstand havde folk, der beskæftigede sig med nyttige gøremål som bønder og skomagere sig på, hvordan verden var indrettet.

Heldigvis var de ikke klar over, at bonden og skomageren anså dem for en lille smule latterlige, og betragtede dem med en vis overbærenhed.

Denne kulturelite græmmedes, når skomageren, bonden og arbejderen dannede deres egne meninger om stort og småt, og endnu mere når de selv begyndte at handle ud fra det.

De kunne heldigvis trøste hinanden med, at de selv havde de helt rigtige meninger.

Se næste lille historie

Erasmus Montanus ll

Den tænksomme læser vil reflektere over, om vi kender nogen erasmusser i dag.

Her kan jeg så berolige, de trives fint i dagens Danmark. Det er endda så heldigt, at man ikke behøver lede efter dem. De kalder sig selv kultureliten, og beriger det danske samfund med altid at have de helt rigtige meninger, og alle være meget gode mennesker.

Et særligt kendetegn er, at de måske ikke har meget samfundsomstyrtende meninger, men til gengæld går de meget op i at bruge de rigtige ord. Da jeg i forrige årtusinde gjorde tjeneste i den danske hær, fik vi at vide at bøsser var noget, man skød med, og et skældsord hvis man blev kaldt det. I dag er bøsser et helt ok ord. (heldigvis)

Et andet ord er neger. Dengang var en neger en neger. I dag er en neger sort, afrikaner eller afroamerikaner, (afroeuropæer bruges ikke endnu, men det kommer).

Os, der synes, at neger egentlig er et smukt og godt beskrivende ord, får at vide, vi bør skamme os.

Verdens negre burde protestere og bruge ordet som en hædersbetegnelse.

Det er en misforståelse, hvis man nu tror, at denne såkaldte kulturelite er en flok sarte mimoser, der søger at beskrive deres medmennesker på den mest fintfølende måde. Dette er ingenlunde tilfældet.

Vi har i Danmark et politisk parti, der mener, at vi bør begrænse indvandringen i Danmark, at vi først og fremmest skal tage vare på danskerne, og at vi ikke kan løse verdens fattigdomsproblemer ved at indsluse verdens fattige i det danske velfærdssystem.

Dette parti, der måske ikke er tynget af store visioner for det danske samfund, er erasmussernes foretrukne hadeobjekt. Ingen ægte erasmus kan være erklæret tilhænger af dette udmærkede parti.

Uden at blinke sammenlignes dette fredsommelige parti med racister og nazister. Nazisterne havde ansvaret for en verdenskrig med mange millioner dræbte, så det er jo ingen lille ting at blive sammenlignet med dem. Heldigvis skal gruppen ikke altid tages helt alvorligt.

Et eksempel på en ægte erasmus, vi kan kalde ham Dave Trods - der slår korsets tegn for sig, hvis han hører n-ordet – kaldte uden at blinke en medarbejder hos en borgerlig minister for nazist. Sagen kom på forsiderne, manden blev afskediget.

Manden vandt en efterfølgende retssag.

Det er ikke min mening at tale dårligt om Dave Trods. Han er stadig en af de kloge og gode, der beriger den daglige debat med de rigtige meninger, og beder om at debatten bliver holdt i en ordentlig tone.

Priser

Har man ønsket om at stå på en scene tiljublet af folket og modtage en pris for sin indsats, skal man vælge sin beskæftigelse med omhu.

Vælger man at leve som stand-up komiker, er mulighederne store. Der vil være priser, uddelt under stor bevågenhed i Tv's bedste sendetid til de fleste, der kan stå på en scene og sige en nogenlunde sjov vittighed.

Mulighederne er næsten lige så store som deltager i et realityprogram. Her forstår man også at værdsætte talent.

Det bliver lidt vanskeligere, hvis man er skuespiller. Ikke umuligt, men lidt vanskeligere, og det samme gælder for forfattere, journalister og pressefotografer.

Vælger man en naturvidenskabelig tilgang, er det endnu vanskeligere, til gengæld er der som regel en del mere prestige og penge forbundet med naturvidenskabelige priser. Presseopbuddet er til gengæld også mere begrænset, hvilket prismodtagerne som regel værdsætter.

Den svære vej er at vælge en teknisk levevej, her er det tæt på umuligt. Kun arkitekterne har en lille chance for at få en pris.

Er ønsket stort for at stå i stråleglansen og modtage en pris, skal man droppe alle tanker om at blive ingeniør. Hvem har hørt om ingeniører, der har

modtaget priser for at bygge flotte broer, geniale maskiner eller udvikle kemiske produkter.

Blev der uddelt priser for bygningen af Storebæltsbroen?

Hvem kender ingeniørerne bag de store vindmøller?

Kun få har hørt om opfinderen Lotte Bjerre hos Novo, der udviklede Liraglutid molekylet, der er en hjørnesten i medicin mod sukkersyge og fedme.

Det er dog for et par stykker, den ene er astronaut, lykkedes at få sit navn på en flise uden for foreningens hovedsæde, så måske vil ingeniørerne også lære det.

Det kreative gennemsnit.

Her gik vi og troede, at den kreative kraft i de statslige institutioner er meget begrænset. Det er helt forkert. Selv institutioner, der ikke traditionelt anses for kreative centre, er i stand til at komme med nyskabelser.

Det er ingen lille ting, at det er rent vand, der kommer ud af hanerne. Kommunen kontrollerer, staten kontrollerer og EU holder øje med det. Pesticidindholdet fra de enkelte boringer kontrolleres og resultaterne rapporteres, og der regnes gennemsnit på tallene, og EU får besked.

Høje pesticidtal får alarmklokker til at ringe, forsider ryddes, fjernsynet er der, og ministre kaldes i samråd. EU udtrykker bekymring.

Nu kommer så nyskabelsen. Vi kender gennemsnit, der findes også glidende gennemsnit, men hvem havde set, at der også findes et kreativt gennemsnit.
Af grunde, der fortaber sig, ønsker nogen høje gennemsnitstal for pesticidrester, og her kommer nyskabelsen: <u>Det kreative gennemsnitstal</u> ind.
Mange målinger viser ingen pesticidrester, og dem undlader man helt simpelt at regne med i gennemsnittet. – Genialt!

Det kreative gennemsnitstal kan videreudvikles. Man kan også undlade at indregne målingerne med de 10% laveste værdier. Det geniale er faktisk, at man kan få lige det tal, man ønsker.

www.ingramcontent.com/pod-product-compliance
Lightning Source LLC
Chambersburg PA
CBHW031321250726
48656CB00005B/1904